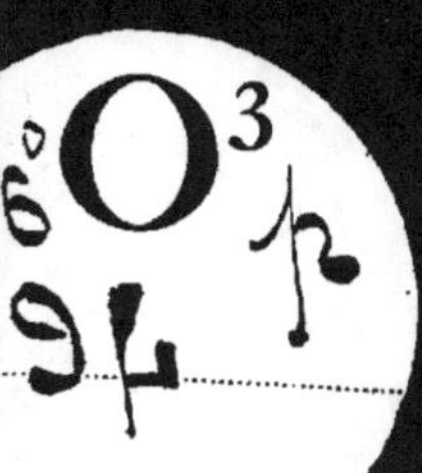

LA QUESTION

DU

TRANSVAAL

PAR

Edouard NAVILLE

10me EDITION

Prix: **25** Centimes

GENÈVE

C. E. ALIOTH, Éditeur, Boulevard du Théâtre, 7

1900

LA QUESTION

DU

TRANSVAAL

PAR

Edouard NAVILLE

10ᵐᵉ EDITION

GENÈVE

C.-E. ALIOTH, Éditeur, Boulevard du Théatre, 7

1900

TABLE

	Pages
L'histoire	3
Les Uitlanders	13
Les négociations	22

LA
QUESTION DU TRANSVAAL

L'HISTOIRE

La question du Transvaal n'est pas aussi facile à comprendre qu'il semble au premier abord. A voir les deux adversaires en présence, on se figure d'emblée qu'il s'agit d'une lutte entre un petit peuple et une grande puissance qui cherche des prétextes pour prendre au petit son territoire et son indépendance. Il est naturel qu'instinctivement les sympathies des Suisses se portent du côté du faible. Mais qu'on regarde l'histoire du Transvaal, que l'on considère quelle est aujourd'hui la situation politique et économique du pays, et l'on sera forcé de reconnaître que le vrai motif pour lequel le Transvaal va peut-être jouer son existence et la perdre, n'est pas celui qui devrait diriger la conduite d'un petit peuple. Ce n'est pas pour son indépendance, que l'Angleterre est prête à lui laisser ; ce n'est pas pour la liberté que ne connaissent point ses institutions et encore moins son gouvernement, ce n'est pour aucun de ces principes que le Transvaal se jette dans une guerre qui lui sera fatale. C'est pour conserver la domination absolue sur les Uitlanders, et les avantages financiers qui en résultent. En un mot, c'est avant tout une question d'argent, ou plutôt d'or. Aussi, ne pouvons-nous accepter de mettre en parallèle le Transvaal avec les anciens Suisses ou avec les Monténégrins ; et comme, de la situation actuelle, il nous paraît ressortir des enseignements qui peuvent être utiles aux petits peuples, nous allons essayer d'exposer à nos compatriotes cette situation telle que nous la comprenons. Nos sources sont, indépendamment des documents officiels, divers ouvrages publiés en dernier lieu sur l'Afrique du Sud ; en particulier, celui d'un homme d'Etat anglais, M. Bryce, ancien sous-secrétaire au ministère des affaires étrangères dans le cabinet de M. Gladstone. M. Bryce est grand admirateur de son ancien chef, et tout à fait imbu comme lui des grandes idées philanthropiques et humanitaires qui ont été souvent invoquées par M. Gladstone dans sa politique extérieure. On ne soupçonnera pas M. Bryce de tendresse pour M. Chamberlain.

L'indépendance du Transvaal repose sur trois conventions successives faites avec l'Angleterre. La première, conclue en 1852 et appelée convention de Sand River, accordait aux fermiers fixés au Nord du Vaal qui, jusqu'alors, avaient été sujets anglais, et dont bon nombre comme le président Krüger étaient nés au Cap, le droit de se gouverner d'après leurs lois et leurs usages, sous réserve de ne conclure aucune alliance avec les noirs contre l'Angleterre, et d'abolir entièrement l'esclavage. Deux ans après, une convention analogue dite de Blœmfontein créait la république d'Orange, que l'on s'accorde à considérer comme un Etat modèle, et qui a eu le bonheur d'avoir longtemps à sa tête un homme d'Etat de grand mérite, Sir John Brand. Les relations de l'Etat d'Orange avec l'Angleterre ont jusqu'ici été excellentes, et son existence tranquille n'a été troublée que par des guerres avec les indigènes, et une menace d'attaque des Transvaaliens.

Laissés à eux-mêmes, les Boers du Transvaal retournèrent à leur ancienne nature, celle de bergers semi-nomades, cherchant sans cesse à agrandir leurs pâturages aux dépens des indigènes, qu'ils se croient en droit de traiter comme les Israëlites l'avaient fait des Cananéens. Les vingt-cinq années qui ont précédé l'intervention de l'Angleterre en 1877, n'ont été qu'une longue période de dissensions et de querelles intestines.

Au début, il n'y avait ni lois ni gouvernement, sauf une organisation tout à fait rudimentaire. Les landdrosts, magistrats municipaux, avaient à se faire obéir ; à côté d'eux, il y avait les commandants militaires dont chacun avait au-dessous de lui une sorte de sous-officier, le field-cornet. Ces fonctionnaires, moitié civils, moitié militaires, existent encore aujourd'hui, même dans la ville de Johannesburg. La nouvelle loi sur la franchise électorale leur donne des pouvoirs très exagérés, qui ne peuvent conduire qu'à l'arbitraire dans l'application, et c'est contre eux que se font entendre de véhémentes plaintes des Uitlanders.

Pendant longtemps, il n'y eut pas de pouvoir central. Quatre républiques se disputaient la prééminence ; ce qu'on appelait le Volksraad n'était une autorité que de nom, et ne représentait qu'un parti. En 1857, les gens de Potschefstrom, marchèrent contre la république d'Orange, mais se retirèrent, voyant qu'on faisait mine de résister. En 1858, un conseil de guerre rédigea ce qu'on nomme le Grondwet, une constitution qui fut difficilement acceptée, et qu'on a changée à diverses reprises. En 1862, il y eut une véritable guerre civile. En 1864, cependant Prætorius réussit à concentrer le pouvoir dans sa main. Mais les luttes avec les indigènes ne cessaient pas, signalées par des cruautés affreuses de part et d'autre. Le gouvernement n'existait que de nom ; il était impossible en particulier de lever des impôts. Le Boer y est absolument rebelle ; sa doctrine en matière de finances, qu'il a prise comme toute sa religion dans l'Ancien Testament, c'est que l'impôt est pour les étrangers. Aussi l'état économique du pays était-il déplorable ; d'argent monnayé il n'y en avait presque pas, les transactions se faisaient par échange, le papier monnaie était tombé au quart de sa valeur. En 1872, lorsque Prætorius donna sa démission, il eut pour successeur le pasteur

Burger, un homme d'un esprit éclairé qui voulut conduire ses compatriotes dans la voie des réformes et du progrès. Il échoua. Une opposition violente, dont l'un des meneurs était Krüger, travailla à miner son influence et à la discréditer sous prétexte d'hérésie. On lui reprochait, par exemple, de ne pas croire que le diable eût une queue, comme on le représente sur les anciennes Bibles hollandaises.

Telle était la situation au commencement de 1877. Certes, à l'intérieur, elle était loin d'être réjouissante, mais elle se compliquait encore d'un gros danger à l'extérieur. Eu 1876, le chef cafre Secocœni avait battu les Boers ; au Sud, Cetewayo, le roi des Zoulous. avait réuni une armée nombreuse, et était au faîte de sa puissance. Comme tous les indigènes, il était très hostile aux Boers, et, s'il avait lancé sur eux ses hordes, c'était la destruction certaine des Transvaaliens.

La faiblesse de la république et l'anarchie qui y régnait avaient fini par devenir un danger pour les colonies avoisinantes, en particulier pour celle de Natal. Aussi l'Angleterre se décida-t-elle à intervenir. Sur l'ordre du gouverneur du Cap, un commissaire anglais, Sir Théophilus Shepstone, se rendit à Prétoria pour faire une enquête. Ses instructions portaient qu'au bout de trois mois, s'il le jugeait nécessaire, et après s'être assuré du consentement des habitants, il proclamerait l'annexion. Shepstone entra presque seul dans la capitale des Boers, et, après ses trois mois d'enquête, où il constata l'état d'impuissance et de ruine du pays, dont les ressources financières se montaient à trois shellings et six pence, il hissa le drapeau anglais le 12 avril 1877. La seule protestation sérieuse partit du président Burger, qui avait essayé de conduire ses compatriotes dans la voie du progrès. Il quitta le pays et alla finir ses jours au Cap, où il vécut d'une pension, ayant dépensé tout son avoir pour le bien public.

Le départ de Burger laissait le champ libre au vice-président Krüger, qui avait été son adversaire déclaré. D'après un auteur anglais, M. Knox Little, Krüger, Joubert et les autres membres du gouvernement ne protestèrent que pour la forme. Shepstone leur montra sa proclamation avant de la publier, ils y firent quelques modifications ; en revanche, ils soumirent leur protestation au commissaire anglais, qui y changea quelques phrases. Du reste, les hauts personnages Boers conservèrent leurs emplois. Il paraît même (toujours d'après l'auteur précité), que Krüger commença par demander une augmentation de traitement qui lui fut aussitôt accordée. La colonie du Cap resta indifférente, de même la masse des Boers ne fit aucune manifestation. Peut-être un plébiscite aurait-il tourné contre l'annexion ; toujours est-il que leur amour passionné de l'indépendance subit une éclipse complète devant une caisse vide et les bandes de Cetewayo se montrant à l'horizon.

Sir Théophilus Shepstone a-t-il eu raison d'annexer alors le Transvaal ? Amis et ennemis du gouvernement anglais d'alors s'accordent à dire qu'il s'est trop hâté. On lui reproche de n'avoir pas laissé les Boers tomber encore plus bas. Encore quelques mois, et la banqueroute était plus complète, le désordre n'aurait fait que grandir. Cetewayo fondait sur le Transvaal qui, alors, aurait spontanément demandé la protection de l'Angleterre. La destruction de l'empire Zoulou par des armées anglaises, dans des campagnes auxquelles les Boers n'ont pris aucune part, a permis la révolte du Transvaal en 1881.

Hâtons-nous de dire que cette révolte fut facilitée par de graves fautes de l'Angleterre.

C'est d'abord le retard apporté dans l'institution d'un gouvernement représentatif que la proclamation d'annexion promettait solennellement. L'Angleterre se donnait l'air de manquer à sa parole. Y eut-il là intention positive de ne pas tenir son engagement ? Ce fut plutôt le résultat de diverses circonstances. D'abord Shepstone ne trouvait pas parmi les Boers, surtout pas dans l'ancien Raad, les éléments nécessaires pour former les deux assemblées délibérantes dont il conseillait la création ; puis, le gouvernement anglais avait bien d'autres préoccupations. C'était le moment de la guerre turco-russe et du congrès de Berlin ; d'ailleurs il s'agissait du Sud de l'Afrique, une colonie que l'on conservait parce qu'on ne pouvait faire autrement, et qui ne causait que des ennuis et beaucoup de dépenses. Enfin, on remplaça Shepstone qui jouissait d'une certaine popularité parmi les Boers, par un officier d'un tempérament cassant et autoritaire. Toujours est-il que l'Angleterre eut l'air d'avoir été de mauvaise foi.

Krüger et ses amis virent d'emblée qu'ils avaient là une carte excellente dans leur jeu. Un historien sympathique au Transvaal n'hésite pas à dire que l'un des principaux griefs des Boers contre l'annexion, c'est que les impôts étaient levés par une administration dans laquelle ils n'étaient pas représentés. L'impôt, ce droit contre la nature quand il s'agit de Boers, que s'arroge le gouvernement, a joué le premier rôle dans la révolte de 1881. Il est vrai que le successeur de Shepstone le faisait rentrer avec une rigueur qui, pour être légale, n'en était pas moins impolitique.

A deux reprises Krüger et Joubert se rendirent en Angleterre ; c'était à la fin du ministère Beaconsfield. M. Gladstone menait sa fameuse campagne de Midlothian. Poussé par son désir passionné de défaire l'œuvre de son prédécesseur, dans plusieurs discours, il s'éleva contre l'annexion du Transvaal aussi bien que son lieutenant, lord Hartington. Les deux Boers ne tardèrent pas à discerner que le moment favorable approchait. Ils comprirent qu'ils auraient avec eux tout le parti libéral, qui suivait aveuglément son chef et qui se laisserait entraîner par les grands mots d'humanité, d'indépendance, de justice que le vieil homme d'Etat a toujours excellé à faire sonner dans ses discours. Et cependant, soit dans le discours de la reine après les élections, soit dans les premières communications entre MM. Gladstone et Krüger, le maintien de la domination anglaise n'était pas mis en question. Cela n'arrêta pas les Transvaaliens. Profitant de ce que, suivant leur impré-

voyance habituelle, les Anglais avaient laissé le pays presque dégarni de troupes, les Transvaaliens hissèrent le drapeau national le 16 décembre 1880. Un détachement de
troupes anglaises tomba dans une embuscade; puis les
Boers entrèrent sur le territoire du Natal pour arrêter les
Anglais dans les passages des montagnes; un premier détachement fut battu à Laing'sneck; le second, fort d'environ
400 hommes, fut détruit ou fait prisonnier à Majuba-Hill.
La nouvelle de ces défaites causa un grand émoi en Angleterre; le cabinet déclara qu'avant tout il fallait venger
l'honneur du drapeau; des renforts furent immédiatement
expédiés, Sir Frederick Roberts envoyé pour prendre le
commandement de l'armée anglaise. En débarquant, il
trouva l'ordre de rebrousser chemin. Pendant son voyage,
une volte-face complète avait eu lieu, l'Angleterre avait
capitulé; on avait découvert après la défaite que l'annexion
du Transvaal était injustifiable, et qu'une puissance comme
l'Angleterre était assez forte pour se montrer généreuse, et
pour pardonner des injures surtout venant d'un plus faible.
Et alors on signa la première convention, celle de 1881,
qui rendait au Transvaal son indépendance, tout en stipu-
ant d'une manière précise la suzeraineté de l'Angleterre.

Peu d'actes publics, nous dit M. Bryce écrivant l'an
passé, ont été l'objet d'une controverse aussi acrimonieuse
que le renversement de la politique suivie en 1877; et
cependant, ajoute-t-il, je crois encore que le gouvernement
a eu raison de reculer devant ce qui aurait été une guerre
de races. Il avoue pourtant que les espérances que l'on avait
fondées sur le résultat de cet acte de magnanimité on été
déçues. Les Boers, en particulier, n'ont vu ni générosité ni
humanité dans la conduite de l'Angleterre; ils n'ont su y
discerner que la peur. On conviendra que sous la plume
d'un homme d'Etat anglais, cet aveu est naïf. Croire qu'un
peuple ignorant, dans l'ivresse de la victoire, se figurera
que son adversaire fait la paix par générosité, c'est pousser
un peu loin la bonhomie, surtout au moment où l'on vient
de justifier la retraite de l'Angleterre par la crainte d'une

guerre de races. Aujourd'hui M. Bryce devrait écrire qu'il y a peu d'actes qui soient si justement condamnés par ceux mêmes qui en portent la responsabilité. Les conséquences en ont été désastreuses, et ont eu une bien autre portée qu'on ne s'y attendait. Les Boers révoltés, bien loin d'être reconnaissants, ont trouvé là un aliment au mépris profond qu'ils ressentent à l'égard des Anglais, et qui est pour beaucoup dans leurs dispositions belliqueuses du moment. Quant aux Boers qui avaient accepté la domination de l'Angleterre, se voyant abandonnés au premier échec, ils se retournèrent du côté de Krüger et ils sont probablement aujourd'hui ses adhérents les plus fidèles. Beaucoup de colons anglais s'étaient déjà fixés dans le pays sous la protection du drapeau; leur chef était un M. White qui avait rallié autour de lui un certain nombre de Boers. Il faut lire la lettre qu'il écrivit à M. Gladstone au moment où l'abandon fut consommé, et où il se vit renié par son pays. Rarement on a écrit un morceau d'éloquence plus vibrante et plus pathétique.

Mais ceux pour qui la retraite de l'Angleterre fut le coup le plus terrible, ce furent les indigènes, les noirs dont le pays comptait environ sept cent mille. L'un des motifs de la haine des Boers pour l'Angleterre c'est la protection que cette puissance accorde aux indigènes; et ceux-ci ont par expérience toujours considéré les Boers comme leurs pires et leurs plus cruels ennemis.

On convoqua trois cents des principaux chefs sur la place de Prétoria, et là un commissaire anglais leur lut une dernière proclamation par laquelle la reine d'Angleterre leur déclarait qu'elle les remettait, eux pauvres Cananéens, à la merci des Israélites, en dépit des appels désespérés que plusieurs d'entre eux lui avaient adressés. Ainsi l'Angleterre manquait de foi non seulement à ses nationaux et aux Boers qui lui étaient restés fidèles, mais aussi aux indigènes auxquels elle avait promis sa protection et qui, plus que qui que ce soit, en avaient besoin. Mais il y a plus; sous le couvert de ces grands mots de magnanimité, générosité, justice, il y avait comme aujourd'hui une question d'argent. Parmi les charges que M. Gladstone avait accumulées sur le gouvernement de son rival, l'une des principales était l'excès des dépenses. Il fallait faire des économies à tout prix, retrancher toutes les dépenses inutiles. Le Transvaal n'avait pas encore de mines d'or; il ne valait pas le prix qu'il aurait fallu payer pour s'en assurer la possession. Mieux valait s'en débarrasser le plus vite possible. C'est là la vraie raison de ce que l'armée anglaise appelle la capitulation de Majuba Hill, qu'elle n'a jamais pardonnée à M. Gladstone.

On comprend qu'après ce qui s'est passé depuis, et surtout en face de la situation telle qu'elle se présente aujourd'hui, un grand nombre des admirateurs de M. Gladstone qui l'avaient suivi aveuglément dans cette affaire, reconnaissent que la faute a été grande; et qu'en particulier plusieurs des hommes comme M. Chamberlain, qui faisaient partie du cabinet d'alors, sentent lourdement le poids de la responsabilité qui pèse sur leurs épaules. On représente habituellement M. Chamberlain comme un ministre mu uniquement par une rapacité tyrannique, qui n'admet pas qu'un Etat puisse être indépendant à côté de l'Angleterre. A en croire les journaux sympathiques aux Boers, c'est-à-dire la plupart des journaux continentaux, M. Chamberlain ne veut pas que les négociations aboutissent, parce qu'il vise à l'annexion pure et simple, qui est certaine si la guerre a lieu. L'annexion pour elle-même n'est pas dans les principes de la politique coloniale; il faut qu'elle ait une utilité qui compense les charges et les dépenses qu'elle entraîne. A quoi bon l'annexion du Transvaal? il n'a de valeur que par ses mines d'or, qui n'occupent pas même la centième partie du territoire. Pourquoi alors se charger de l'administration d'un pays grand comme la France, peuplé de 80,000 Boers, semi-nomades, très ignorants, impatients de tout gouvernement, et absolument rebelles à payer l'impôt.

Il est évident que si l'on peut obtenir du gouvernement

du Transvaal qu'il renonce à ses procédés autocratiques et vexatoires vis-à-vis des Uitlanders, et qu'il laisse ceux-ci exercer en paix leur industrie et faire en même temps la prospérité de l'Etat, l'Angleterre ne songera pas plus à détruire l'indépendance du Transvaal que celle de l'Etat d'Orange ; à moins toutefois que celui-ci ne fasse la folie, en cas de guerre, de passer du côté des Boers. Si M. Chamberlain est peut-être plus raide avec le gouvernement du Transvaal que ne le sont ses collègues, c'est qu'il se sent responsable pour sa part de la convention de Majuba Hill et de ses conséquences. Ce n'est pas le cas pour Lord Salisbury lequel, au contraire, fit alors avec Lord Cairns tous ses efforts pour empêcher cette capitulation. M. Chamberlain n'est pas seul, loin de là, à éprouver ce sentiment ; et l'on a pu voir au dernier débat de la Chambre des communes, plusieurs des membres radicaux, gladstonniens ardents, le soutenir de la manière la plus énergique.

Encore si l'on s'en était tenu à la convention de Majuba Hill, mais il y a plus. Les Boers redevenus indépendants suivirent leurs anciennes habitudes, et des bandes allèrent de côté et d'autre faire des « trecks » ou ce que l'on appelle du mot anglais « raid » contre les indigènes. Plusieurs fois ils s'avancèrent sur territoire anglais, si bien qu'en 1884 le gouvernement Gladstone envoya Sir Charles Warren mettre à la raison ces flibustiers. Le résultat fut une nouvelle convention, celle de 1884, qui, en échange de l'engagement des Boers de respecter les territoires sous protectorat anglais, modifiait différents articles de celle de 1881. En particulier elle supprimait dans l'article qui parlait des relations extérieures du Transvaal, le mot de « suzeraineté » de l'Angleterre, mais le laissait dans le préambule. Ce mot est maintenant l'objet de discussions très vives qui sont plutôt académiques, car suivant Lord Salisbury il n'a pas de sens légal. Si l'on accepte la définition de Sir William Harcourt, l'un des auteurs de la convention de Londres, la position serait celle-ci : le Transvaal est souverain maître chez lui, pour tout ce qui concerne ses affaires intérieures; mais on ne peut pas l'appeler un Etat souverain international, puisqu'il n'a pas la liberté de ses relations extérieures où le gouvernement anglais peut mettre son veto.

LES UITLANDERS

Revenu à l'indépendance, le Transvaal reprit ses anciennes institutions. Krüger fut porté à la présidence qu'il a presque toujours gardée depuis lors. Le Volksraad s'assembla de nouveau, et l'on put se demander si l'on allait recommencer les expériences des vingt-cinq années qui avaient précédé l'annexion. Point d'argent dans la caisse, pas moyen de s'en procurer par des « raids » sur les indigènes puisque le territoire anglais entourait l'Etat de toutes parts. Le budget n'avait aux recettes que 177,000 livres, c'est-à-dire un peu moins de 4 ½ millions de francs, encore cette somme ne rentrait-elle qu'avec peine, aussi le pays était-il dans un état de dénuement voisin de la barbarie.

En 1885, on découvrit les gisements d'or du Witwatersrand; d'emblée des étrangers en grand nombre accoururent. Ce furent d'abord des aventuriers comme c'est toujours le cas lorsqu'il s'agit de mines d'or, puis à mesure que l'industrie prit de l'extension, que l'on ouvrait plus de mines, et surtout depuis qu'on exploita les couches profondes qui exigent des procédés beaucoup plus perfectionnés, ce fut toute une population qui vint se fixer dans le pays.

Le nombre des étrangers, des « Uitlanders » en arriva à être ce qu'il est aujourd'hui, le double de celui des Boers. Ils sont concentrés sur un territoire qui n'est qu'une infime partie du pays, pas à beaucoup près un centième, et le groupe le plus nombreux habite la ville de Johannesburg, qui compte près de 100,000 habitants, tandis que la capitale Prétoria, à peu de distance, n'en a que le dixième.

Dès le premier abord, Krüger et ses compatriotes regardèrent les nouveaux venus avec une grande défiance, et ils prirent aussitôt leurs dispositions pour endiguer ce torrent envahisseur, tout en le détournant à leur profit. Lors de la proclamation de l'indépendance on avait remis en vigueur le Grondwet, un instrument peu clair et confus posant les principes sur lesquels reposait l'Etat. Le Grondwet déclarait que le territoire était ouvert à tout étranger respectant les lois de l'Etat. Pas question de revenir sur cet article, c'eut été arrêter le développement des revenus qui marchait à pas de géants. En revanche, on changea de suite ceux qui traitaient de la franchise électorale. A l'origine, il fallait deux ans de séjour pour l'obtenir, on porta le chiffre d'abord à cinq puis à quinze. Actuellement il est de douze, en outre il faut être âgé de 40 ans au moins et avoir fait toute une série de formalités sur lesquelles nous aurons à revenir. La loi en fait est une loi prohibitive. Puis Krüger, qui craignait que les Uitlanders ne rencontrassent de la sympathie même parmi les Hollandais du Cap, s'entoura d'une administration de son choix qu'il fit venir de Hollande. La plus grande partie du haut personnel du Transvaal n'est point originaire du pays, elle est importée d'Europe et surtout de Hollande. Ces hommes, au nombre desquels sont MM. Reitz, Leyds et d'autres encore, sont entièrement à la dévotion de Krüger; ils ajoutent quelquefois le mot « adoptif » à celui de « fatherland » qu'emploie le président, ancien sujet anglais né au Cap. C'est eux qui participent le plus largement aux grasses prébendes du régime actuel, et qui, par conséquent, ont un intérêt majeur à ce que rien ne change. Si la guerre éclate, ce sera en bonne partie leur influence qui aura amené ce désastre.

Krüger lui-même a réussi à se faire une position de monarque autocratique. Son autorité sur le Raad est complète; ce conseil de 25 membres est composé presque uniquement de ses partisans. Lors des élections il a su prendre les

électeurs par leur côté sensible ; il a agité devant eux le
spectre de l'Anglais menaçant leur indépendance. Sa vo-
lonté dicte les décisions du Raad ; presque chacune des lois
a étendu les limites de sa compétence et ajouté à son autorité. En outre, quand il lui plaît, il met de côté le Grondwet. Ainsi, une disposition prescrit qu'aucune loi ne peut
être votée avant d'avoir été soumise au peuple pendant trois
mois. Cette garantie bien faible contre l'arbitraire du
Raad, a été ignorée dans un grand nombre de cas d'im-
portance majeure. Le Raad s'est mis à légiférer par arrêtés.
On a vu des lois toutes faites sortir d'une seule séance
secrète.

Lorsque le Transvaal ne se composait que d'une population de fermiers à demi-nomades, il n'avait besoin que
d'une administration tout à fait rudimentaire. Il n'en était
plus de même lorsque plus de cent mille étrangers vinrent
se fixer sur un espace très restreint, et, lorsqu'ils fondèrent
une grande ville, les nécessités élémentaires de la civilisation se firent sentir. Il fallait à cette ville une police, de
l'eau, une organisation municipale, des écoles, des lois sur
la vente des spiritueux, en un mot tout ce qui constitue
une communauté urbaine ; rien ne se fit malgré les deman-
des réitérées des Uitlanders. Une seule chose était orga-
nisée, l'impôt qui allait croissant tous les jours. Le gouvernement encaissait des sommes énormes prélevées presque
uniquement sur les étrangers, et sur l'emploi desquels ils
n'avaient pas un mot à dire. Et ce n'était pas seulement la
quotité de l'impôt qui les froissait alors et les froisse encore, c'est la nature de plusieurs d'entre eux, comme l'impôt sur les denrées alimentaires qui taxe lourdement le
maïs fourni par les compagnies minières à leurs ouvriers
indigènes. Dans le peu d'écoles qui ont été créées, l'ensei-
gnement de l'anglais était d'abord prohibé. La police était
aux mains de Boers grossiers, dirigés par des field-cornets
qui ne leur étaient guère supérieurs.

Aussi, lassés de démarches inutiles, les Uitlanders for-
mèrent, en 1892, une association sous le nom d'Union

nationale dont le but était « d'obtenir par tous les moyens constitutionnels des droits égaux pour tous les citoyens et le redressement de tous les griefs ». De prime abord, Krüger se montra très hostile à cette association, et répondit en essayant de forcer les étrangers au service militaire. L'association grandit et se développa, elle finit par rallier les trois classes de gens qu'on trouve parmi les Uitlanders, les capitalistes qui sont en petit nombre, la classe moyenne, celle des commerçants, gens de mines, ingénieurs, etc., et celle des ouvriers blancs. Une pétition signée de 37,000 étrangers fut rejetée avec mépris par le Raad, l'un des membres allant jusqu'à dire que les Uitlanders n'obtiendraient ces droits qu'après avoir combattu pour les avoir.

Il ne fallait donc pas compter sur le Raad et la ligue organisa alors un mouvement révolutionnaire d'émancipation, pour lequel elle chercha à se procurer les armes nécessaires. M. Bryce, qui séjourna plusieurs semaines à Prétoria et à Johannesburg à la fin de 1895, décrit les préparatifs de cette révolte qui était le secret de la comédie. A Prétoria on ne parlait que de cela, à Johannesburg on lui offrit de lui montrer les dépôts d'armes. Au Cap et dans l'Etat d'Orange on savait fort bien ce qu'il en était, et même on était sympathique au mouvement. Les Burghers de ces deux Etats en voulaient à Krüger de ce qu'il n'avait pas choisi pour son administration des Afrikanders, mais s'était entouré d'Européens de Hollande. Ensuite les Uitlanders ne faisaient point appel à l'Angleterre ; quoique Anglais pour la plupart, ils avaient résolu d'arborer le drapeau du Transvaal, ils n'auraient point hissé un drapeau étranger. Le but était de secouer Krüger et son oligarchie, et de proclamer une constitution plus libérale. Dans ces conditions ils trouvaient sinon de l'appui, au moins une neutralité bienveillante chez un certain nombre de Boers, partisans de la réforme, mais plus ou moins tyrannisés par le président et ses acolytes.

Qu'est-ce qui fit avorter le mouvement ? ce fut le raid Jameson. Ce mouvement devait avoir lieu le 6 ou 7 janvier

la suite d'une grande assemblée de la ligue nationale. Ce
ʝour-là, Jameson et sa troupe étaient déjà arrêtés, et les Uit-
ʟnders, sur la demande de sir Hercules Robinson avaient
ʟvré toutes leurs armes. Le raid Jameson est pour l'Afrique
ʟ pendant des expéditions de corps francs dans certains
ʟntons suisses avant la guerre du Sonderbund. On ne sau-
ʟit le condamner assez sévèrement. C'est évidemment l'œu-
ʟre de Cecil Rhodes, dont l'intervention a été fatale à la
ʟuse qu'il voulait servir. Non pas que Jameson eût l'inten-
ʟon de prendre la tête du mouvement. Il était là pour aider ses
ʟompatriotes, et non pour faire une conquête. Mais la vue
ʟe troupes de la Chartered a suffi pour retourner du côté
ʟes Boers toutes les sympathies très réelles que les Afri-
ʟanders éprouvaient pour les Uitlanders. Et, parmi ceux-ci,
ʟn grand nombre ne voulaient pas plus du gouvernement
ʟe la Chartered que de celui sous lequel ils vivaient. Rien
ʟe pouvait faire mieux le jeu du président Krüger, et rien
ʟe pouvait être plus funeste à la cause des Uitlanders, que
ʟette entreprise aussi insensée que criminelle qui était
ʟouée à un échec certain. Nous ne saurons peut-être pas de
ʟongtemps la vérité complète sur le raid Jameson; il y a en-
ʟore des points très graves qui n'ont pas été éclaircis
ʟomme, par exemple, la cause du départ de Jameson ce
ʟour-là. Le champion des Uitlanders, sir Alfred Milner,
ʟcrivant à M. Chamberlain, fait allusion aujourd'hui au
ʟaid, qu'il appelle une conspiration, « dont la grande masse
ʟes Uitlanders est innocente, et qui a fait dévier et ruiné
ʟeur cause ».

Depuis lors, la situation, comme nous le verrons, a en-
ʟore beaucoup empiré pour les Uitlanders; mais, avant
ʟ'examiner ce qu'elle est, parlons du gouvernement Krüger
ʟt de l'état du pays. En chiffres ronds, le Transvaal a
50,000 habitants blancs dont les deux tiers sont des Uit-
ʟnders, et le reste des Boers qui sont donc au nombre de
ʟ5,000 à 80,000 ce qui représente à peu près 25,000 hom-
ʟes adultes.

En 1885, les recettes de l'Etat étaient d'un peu plus de

4 millions. Aujourd'hui, du fait des Uitlanders et des impôts qu'ils payent, les recettes sont de 110 millions; elles ont augmenté dans la proportion d'un à 25. J'invite les admirateurs du gouvernement du Transvaal, qui se défient des documents de source anglaise, à ouvrir l'Almanach de Gotha, ils y verront l'exercice financier de 1898. Ils pourront y lire que sur ces 110 millions, les traitements et salaires se montent presque au quart, je dis 25 millions; c'est-à-dire mille francs par tête de Boer adulte, car il va sans dire que les traitements ne vont pas aux Uitlanders. Si l'on considère que la grande majorité des Boers se compose de bergers qui ne s'occupent pas de l'administration, et qui, par conséquent, n'ont aucune part au gâteau, on jugera de la grandeur des morceaux que s'y découpent le président Krüger et son oligarchie en partie étrangère sur laquelle il s'appuie. Le président a lui-même un traitement de 175 mille francs (le président de la Confédération suisse en a quinze mille), et, en outre, ce qu'on appelle le « café » et qui, dans son cas, devrait s'appeler la « pipe », ce sont les frais de représentation. Là, ne se bornent pas ses ressources personnelles. Le même tableau de l'Almanach porte une somme de près de dix-sept millions, intitulée « autres dépenses ».

Cette rubrique comprend les fonds secrets qui, au budget, sont portés à un peu moins d'un million, c'est déjà plus que n'en a l'Angleterre, mais qui dépassent toujours cette somme, et qui, en 1896, ont atteint à peu près 5 millions. Fonds secrets, vilain mot et encore plus vilaine chose, qui devrait être inconnue dans les affaires des petits peuples. La probité n'est-elle pas l'une des vertus cardinales, que l'on s'attend à trouver chez eux plus que partout ailleurs. Je demande ce que peut faire le chef d'un petit état de 250,000 habitants, de plusieurs millions de fonds secrets? A coup sûr, ce n'est pas à amener le rapprochement des deux races blanches, qui se divisent l'Afrique du Sud.

On se représente ce qu'est l'administration financière

s Boers, dans cette pléthore d'argent fourni en presque
alité par ces Uitlanders détestés. En voici un échantillon.
Raad discutait le budget de 1898. L'un des membres fit
server que, depuis plusieurs années, on avait fait à divers
ployés des avances se montant à soixante millions, et qu'il
n avait été rendu aucun compte. Voilà ce qu'est devenu le
gime Boer, à l'école de l'opulence. Hâtons-nous de dire
e nous ne considérons nullement l'ensemble des Boers
mme entachés de cette corruption et de cette vénalité
i règnent dans l'administration. Le fermier ou le
rger qui vit loin de Prétoria a conservé ses vertus
triarcales ; il est probe et honnête, avec cela très fier et
patient de toute espèce d'autorité. Toutes ces questions
s droits politiques des Uitlanders, et de ce qui se passe à
hannesburg le laissent très indifférent, il est vrai qu'il
très ignorant et qu'il ne lit pas autre chose que l'Ancien
stament. Krüger sait bien qu'il fera marcher ces gens en
itant devant eux le spectre de l'Angleterre, en criant à
rs oreilles le mot d'indépendance. Et c'est là ce qui nous
volte, c'est que sous le couvert de ces principes qui nous
nt chers : indépendance, honneur national, on aille
re tuer ces braves gens, pour conserver à une oligarchie
annique et vénale le droit de se partager à sa guise ou de
tribuer à son gré l'or qu'elle prélève sur le travail des
angers.

Il est clair qu'après le raid de Jameson, la situation des
tlanders n'a fait qu'empirer. L'étranger, et surtout l'An-
is, a toujours été considéré par le Boer comme un être
race inférieure, une sorte d'intermédiaire entre le nègre
le peuple élu ; il fallait le maintenir dans un état de su-
ion qui permit d'en faire ce qu'on voulait. Aussi, bien
n de prêter l'oreille aux plaintes des Uitlanders et de faire
elque chose pour les rapprocher des Boers, le gouvernent chercha encore à restreindre le peu de droits qu'ils
uvaient avoir. J'ai parlé de cette habitude qu'avait prise
Raad, contrairement à la constitution, de légiférer par ar-
é. Longtemps les Uitlanders purent s'appuyer sur la Cour

suprême, à laquelle ils avaient recours quand ils se croyaient lésés. Or, il se trouva qu'un juge protesta contre l'un de ces arrêtés du Raad, au nom de la loi et de la constitution. Cette liberté d'opinion, cette audace ne pouvait convenir au gouvernement qui fit voter par le Raad une loi de « dessaisissement », qui n'est qu'une dérision et une consécration presque naïve de l'arbitraire. Je l'analyse d'après le texte même.

Les considérants posent d'abord en principe que le Grondwet de 1858 déclare que les résolutions du Raad ont force de loi, et que les juges, y compris la Cour suprême, ont à s'y soumettre, le pouvoir judiciaire ne possédant pas le droit d'examen (testing right). Les suivants relatent ce qui s'est passé : la majorité de la Cour suprême, soit deux juges, a déclaré que les résolutions du Raad n'ont pas force de loi, et que la Cour a la compétence d'en refuser l'application, quand elles sont contraires au Grondwet de 1858, ébranlant ainsi l'administration de la justice, ce que le Raad ne saurait voir d'un œil indifférent.

Conclusion : considérant que cette loi, *quoique n'ayant pas été publiée trois mois d'avance, suivant l'article 11 du Grondwet, doit être prise en considération, puisqu'elle ne peut souffrir aucun délai,* il est résolu que cette loi sera prise immédiatement en considération, quoique... et l'on cite de nouveau l'article du Grondwet dont il n'est pas tenu compte.

La loi elle-même est en sept articles. Le premier stipule que toutes les résolutions du Raad passées et futures auront force de loi, que les juges devront juger d'après ces résolutions, et qu'ils n'auront pas la compétence d'examiner si elles sont conformes au Grondwet. Le second fixe le serment que devront prêter les juges, et dans lequel ils promettent de ne jamais s'arroger le droit d'examen (testing right).

La perle de la loi est l'article 4. Son Honneur le président demandera aux juges en charge s'ils considèrent comme conforme à leurs serment (celui qu'ils ont prêté) et à

r devoir, de rendre la justice suivant les lois et les réso-
ions du Raad et de ne pas s'arroger le droit d'examen.
*n Honneur reçoit pour instruction de révoquer tous ceux
*t il recevrait une réponse négative ou qui, dans son opi-
n, ne serait pas satisfaisante.
Telle est la justice du Transvaal ; il n'y a plus de loi, il
a que les caprices du Raad : un vote dans une séance
rète, voilà ce qui lie les juges et d'après quoi ils rendront
rs arrêts. La loi d'aujourd'hui ne le sera peut-être déjà
s demain. Les quinze membres de la majorité, ou plutôt
üger qui les fait voter, peuvent changer d'opinion d'un
r à l'autre ; n'importe, leur opinion formulée par un vote
a toujours la loi ; malheur au juge qui oserait mention-
la constitution ou le code, car il y en a un ; ce serait sa
ocation par le président qui l'a nommé. C'est ainsi qu'on
end la séparation des pouvoirs qui, pourtant, est garan-
par le Grondwet. Mais la constitution n'est pas pour
êter le gouvernement, on a vu par cette loi le cas qu'il
de ses dispositions. Celles qui lui sont utiles il s'en sert
es interprète dans son sens, celles qui le gênent il les met
côté, et le constate sans même chercher à s'en excuser.
Une autre loi, qui n'est guère mieux qu'une parodie,
t la loi municipale de Johannesburg. Il n'est guère pos-
le d'administrer une ville de 100,000 âmes avec des
d-cornets et des landdrosts. Il a fallu donc en venir à
: municipalité. La loi fixe que la ville est administrée par
conseil de vingt-quatre membres nommés pour deux
. La moitié doivent être des burghers qui ne sont que
% de la population blanche, et de beaucoup la plus
vre et la plus ignorante. Le Conseil a à sa tête le bourg-
stre qui est nommé par le président de la République et
reste en fonctions pendant cinq ans. Notez bien ceci :
ourgmestre n'est pas tenu d'exécuter les résolutions du
seil qui « dans son opinion seraient contraires à la loi ».
ns ce cas il doit en référer au président. On sait ce que
t que la loi pour le président Krüger.
On comprend que les Uitlanders n'aient pas été satis-

faits de cette loi qui était le résultat de l'une des promesses qu'on leur avait faites. Il faudrait, pour être complet, parler aussi de la loi sur l'expulsion des étrangers, des lois sur la presse, de l'impôt et de tous les autres griefs qu'a cette population deux fois plus nombreuse que les Boers. Je n'entrerai pas dans ce catalogue, il me semble que ces deux exemples sont assez démonstratifs.

Ainsi tous les efforts des Uitlanders avaient été vains. Les pétitions qu'ils avaient envoyées au Raad avaient été écartées avec mépris ; le mouvement d'émancipation qu'ils avaient voulu tenter avait échoué grâce à l'intervention de la Chartered. Il ne leur restait plus qu'une ressource, s'adresser à l'Angleterre, et c'est ce qu'ils ont fait dans la pétition, signée de 21,600 sujets britanniques, transmise au gouvernement anglais en mars de cette année, qui conclut en demandant qu'une enquête soit faite au sujet des plaintes énumérées dans la pétition, et que le représentant de S. M. dans l'Afrique du Sud prenne les mesures nécessaires « pour assurer la réforme de ces abus et pour obtenir du gouvernement du Transvaal des garanties réelles de la reconnaissance des droits pétitionnaires comme sujets britanniques ». Cette pétition a été le point de départ des négociations qui ont amené la crise actuelle.

LES NÉGOCIATIONS

Une puissance comme l'Angleterre peut-elle faire la sourde oreille aux plaintes d'un aussi grand nombre de ses sujets qui recourent à elle en désespoir de cause, après avoir vainement tenté d'obtenir justice du gouvernement du pays qu'ils habitent, et dont ils font la prospérité ? Telle est la question qui se pose d'emblée, et qui domine la situation. Dans ces termes, dont on ne contestera pas la simplicité, elle n'est susceptible que d'une seule réponse. L'An-

eterre ne peut pas abandonner les Uitlanders, elle ne
eut pas recommencer les expériences de 1881.

Nous ne voulons pas reprendre ici en détail les diffé-
ntes phases des négociations qui ont commencé par la
nférence de Blœmfontain arrangée par le président de
Etat libre d'Orange, entre le président Krüger et sir Alfred
ilner, le gouverneur du Cap. Cette conférence, on le sait,
fini sans résultat, le président Krüger ayant opposé un
fus absolu aux propositions de sir A. Milner. Ces propo-
tions quelles étaient-elles ? C'était en tout premier lieu
dmission à la franchise électorale des Uitlanders domi-
liés depuis cinq ans, et une représentation accordée aux
stricts miniers, dont le chiffre n'était pas fixé immédiate-
ent, mais qui devait être aux environs du quart du Raad.
n a reproché et l'on reproche encore à l'Angleterre d'in-
rvenir ainsi dans l'ordre intérieur du Transvaal. Tout
at n'a-t-il pas le droit de fixer comme il le veut les droits
admission à la bourgeoisie ? Il y aurait beaucoup à dire
r ce point et surtout à insister sur la différence énorme
tre les vieux Etats comme les nôtres, constitués depuis
s siècles, et les Etats en formation qui ne peuvent grandir
se développer que par l'immigration et l'arrivée d'élé-
ents nouveaux qui aident à construire l'édifice. Mais lais-
nt de côté le point du droit, il faut remarquer que cet oc-
i de la franchise électorale aux Uitlanders est le moyen
plus commode et le plus honorable pour les Boers d'ac-
rder satisfaction aux plaignants. Les griefs des Uitlanders
nt très nombreux, le plus grave est l'état de la justice dont
a pu se faire une idée ; celui-là aussi bien que tout les
tres : expulsions, presse, police, impôts, écoles, est pure-
ent de l'ordre intérieur de l'Etat. N'est-il pas bien plus
norable pour Krüger de débattre lui-même ces questions
ns le Raad, avec la représentation des Uitlanders, que
avoir à écouter les remontrances de M. Chamberlain sur
acun de ces points. Donnez-leur la représentation dit
ngleterre au Transvaal, et nous laisserons les Uitlanders
tirer d'affaire par eux-mêmes ; à eux de défendre leurs

intérêts, et quelque petit que soit leur nombre, puisqu'ils ne seront qu'un quart, au moins leur voix sera entendue. Nous aurons d'autant moins de raison de nous mêler des affaires du Transvaal, que les Uitlanders pourront plaider eux-mêmes leur cause dans le conseil, ainsi parle M. Chamberlain. Qu'on se représente le même ministre, prenant une autre voie, admettant, ne fût-ce qu'une partie des griefs des Uitlanders, les plus criants, tels que la justice ou l'école, et insistant auprès du gouvernement transvaalien pour une réforme dans ses institutions. Qu'auraient dit les amis et admirateurs des Boers qui crient déjà à l'injustice et à l'inqualifiable immixtion de l'Angleterre dans les affaires d'un petit peuple ? Ne voient-ils pas que ces réformes auraient un tout autre caractère quand elles auraient été débattues dans le Raad entre citoyens d'un même pays, et non octroyées à regret sous la pression de l'étranger. Il me semble que les vrais amis du Transvaal ne peuvent lui donner qu'un conseil, c'est de céder sur la franchise et d'ouvrir la porte du Raad aux représentants de la majorité des habitants. Après tout, ces Uitlanders il leur doit bien quelque reconnaissance ; n'est-ce pas cette race inférieure qui a créé la prospérité du Transvaal ; sans eux, où seraient ces millions dans lesquels nagent Krüger et ses amis hollandais ?

Non seulement il n'y aurait à l'octroi de la franchise aucune blessure d'amour-propre, mais le Transvaal contribuerait pour sa part à la fusion des deux races qui maintenant se considèrent comme rivales. Ainsi que le faisait ressortir il y a peu de jours une résolution du Parlement Canadien, des mesures franchement libérales ont seules pu amener la fusion complète des deux éléments qui, au Canada, ont si longtemps été hostiles. On parle d'antipathie ineffaçable entre Anglais et Hollandais qui résultera d'une guerre en Afrique. Il nous semble que rien n'est plus propre à la produire et à l'alimenter que l'état de choses actuel. D'un côté, des Boers étroits et tyranniques, de l'autre une population beaucoup plus nombreuse, du travail de laquelle ils vivent, et qu'ils s'obstinent à tenir

ns une position d'infériorité. Ici encore, il faut chercher
leurs la raison de l'opposition du gouvernement trans-
alien à ce que j'appellerai faire des Uitlanders des hom-
es majeurs. Qu'ils entrent dans le Raad, même en petit
mbre, c'est la chute de l'omnipotence de Krüger. Qui
t si les nouveaux venus ne réussiront pas à attirer à
x des éléments d'opposition aujourd'hui latents? Il sera
ficile alors de continuer à légiférer par arrêtés, et les
us de soixante millions dans le budget feront peut-être
elque scandale.

A Bloemfontein, le président Krüger a tracé à sir A.
lner les grandes lignes d'une loi électorale qui accordait
franchise au bout de neuf ans, et qu'il a fait voter à son
our. Cependant, au moment du vote final, le Raad a
luit le chiffre de neuf à sept et a donné à la loi un effet
roactif. Cette loi comme toutes les lois des Boers est con-
e, mal rédigée et obscure; c'est du reste le pendant de
loi municipale, en ce sens qu'elle a l'air de faire une
cession, mais ce n'est qu'une apparence; le commence-
nt annule la fin.

L'article 4 stipule que les étrangers qui auront été do-
ciliés sept ans, pourront obtenir la naturalisation et la
nchise, mais à condition d'avoir fait les formalités téno-
es dans les quatre sections de l'article I. Ces formalités
sistent surtout en pièces à produire : en premier lieu,
certificat du field-cornet et du Landdrost, contresigné
le commandant du district, déclarant que le candidat
té continuellement enregistré sur la liste du field-cornet.
est-ce que veut dire ce « continuellement ». S'agit-il
scriptions répétées, personne ne le sait; en outre, il
t connaître ce que c'est que la comptabilité des field-
nets: registres brûlés ou perdus, inscriptions faites sur
chiffons de papier que le vent emporte, voilà ce qui se
t chaque jour. Une autre pièce demandée, c'est un cer-
cat que le candidat a été domicilié tout le temps dans
pays, a été obéissant aux lois, et n'a rien fait de con-
re à l'indépendance de l'Etat. De qui doit émaner cette

pièce, cela n'est pas dit, pas plus qu'il n'est stipulé à qui les pièces devront être remises. Le field-cornet et le Land-drost peuvent refuser de donner la seconde, qui est rem-placée alors par une déclaration faite par le candidat, et signée par un certain nombre de burghers; mais, le field-cornet et le landdrost peuvent refuser d'y mettre leur visa, le candidat alors devra en appeler au gouvernement.

Une nouvelle pièce rédigée par lui-même, et un serment dont le préambule déclare que le candidat renonce à tout droit et devoir dépendant de son ancienne bourgeoisie, l'amène à la naturalisation qu'il obtient au bout de deux ans, à condition toutefois que six mois avant l'expiration du terme, il ait fait savoir au secrétaire d'Etat, par le field-cornet, qu'il avait l'intention d'obtenir cette naturalisation.

Une fois naturalisé, c'est un mineur, ou si l'on veut un heimathlose; pendant cinq ans, il n'a aucun droit politique. Il a renoncé à la protection de son ancienne patrie et, dans la nouvelle, il n'est rien. Impossible de savoir si dans les nombreux cas où les lois font une différence entre un Bur-gher et un étranger, il appartient à l'un ou à l'autre. Ces cinq ans de noviciat écoulés, il sera un Burgher, à condi-tion, toutefois, d'avoir encore prévenu six mois auparavant qu'il avait l'intention d'obtenir la franchise. Quelqu'un veut-il éviter ce noviciat peu enviable de cinq ans, il pourra obtenir la naturalisation et la franchise tout ensemble au bout de sept ans, non pas de séjour, mais à partir du mo-ment où il a signifié au field-cornet son intention de se faire naturaliser.

Voilà donc la fameuse concession sur la franchise, con-cession célébrée sur tous les tons par les journaux, et qu'on reproche à M. Chamberlain de ne pas avoir acceptée avec enthousiasme.

On a beaucoup vanté la rétroactivité donnée à ces sept ans; mais comme elle ne supprime pas les formalités de l'article I, elle est presque de nulle valeur. La grande ma-jorité des Uitlanders n'est point enregistrée chez le field-cornet; c'est un usage qui est tombé en désuétude, et en

re, il est probable qu'il reste peu de traces d'inscrip-
ns remontant à sept années dans les livres du field-
net. Véritable loi de Boer, confuse, laissant beaucoup
points dans le vague, et ouvrant la porte à l'arbitraire,
manière que l'application dépende de l'administration,
n dernier ressort du président.

Et, cependant, M. Chamberlain n'a pas opposé un refus
et simple à cette franchise de sept ans, qui reste en
a de ce que sir A. Milner avait posé comme un mini-
m. Sa réponse a été la proposition de la nomination
ne commission mixte, qui examinerait le fonctionne-
nt de cette loi, et le moyen d'en faciliter l'application.
nme on pouvait s'y attendre, le président Krüger a
mencé par refuser cette commission mixte, sous pré-
e d'ingérence dans les affaires intérieures du Transvaal.
. refus n'a cependant pas été communiqué officiellement
gouvernement anglais, auquel il a été fait de nouvelles
positions, celles du 19 août : franchise après cinq ans de
ur, simplification des formalités qui rendent la loi
nelle presque inapplicable, représentation des Uitlanders
tée à dix membres, et jamais inférieure au quart du Raad,
it accordé aux nouveaux électeurs de voter même pour
résident et le commandant en chef.

Tout cela est fort bien, et il est évident que si le prési-
t Krüger s'était arrêté là, ces propositions résolvaient
difficultés et mettaient fin à la crise. Mais ici encore, la
annule presque le commencement, Krüger met à ces
positions trois conditions irréductibles, et soulève la
stion de souveraineté. Qu'on remarque ceci : dans les
ociations actuelles, ce n'est pas M. Chamberlain qui a
levé la question de souveraineté, c'est le Transvaal. M.
amberlain n'a jamais rien dit ou écrit qui fût de nature
aire croire qu'il voulût revenir sur la convention de
4, et ce n'est point l'intention du cabinet anglais. Les
s conditions posées par M. Krüger sont : l'engagement
'Angleterre de ne plus intervenir dans les affaires inté-
res du Transvaal, d'abandonner sa suzeraineté, et de

consentir à un arbitrage aussitôt que la franchise serait
devenue loi.

Quant à l'arbitrage, les deux partis sont d'accord ou à
peu près, il doit porter sur différentes questions qui n'ont
rien à faire avec les Uitlanders, situation des Indiens dans
le Transvaal, l'administration du Swaziland, la frontière
des Zoulous, etc. Il y a entre les deux pays plusieurs petits
litiges dont les uns sont affaires d'arbitrage, et les autres
d'entente à l'amiable. M. Chamberlain propose une nouvelle conférence au Cap pour arranger cet arbitrage et liqui-
der les questions qui ne seraient pas de son ressort. Mais il
refuse absolument les deux conditions précédentes, l'Angleterre, dit-il, ne peut pas renoncer au droit que lui don-
nent les conventions, d'intervenir quand il s'agit de la protection de ses nationaux victimes d'injustices, et elle ne peut
pas considérer le Transvaal comme un Etat souverain international. Il est évident que la limite est difficile à tracer
entre protection et ingérence ; mais si M. Chamberlain s'est
prononcé aussi catégoriquement, c'est qu'il a assez l'habitude de la diplomatie Boer pour s'être parfaitement rendu
compte du but de cette condition : c'est d'empêcher l'Angleterre de contrôler et de surveiller la mise à exécution de la
proposition relative à la franchise. Qu'on remarque que
cette condition coïncide avec l'abandon des dispositions de
la loi qui, par des complications calculées, remettaient la
naturalisation des Uitlanders plus ou moins au bon plaisir
du field-cornet et du gouvernement.

Puisque cette ressource n'existe plus, il y a encore le
Raad. On connaît l'habitude de ce conseil de légiférer par
arrêtés. Qui sait comment et dans quelles conditions il
votera la loi de la franchise ; et à supposer qu'elle passe
sous une forme acceptable, lorsque la crise sera passée, ou
que les circonstances seront favorables, qui empêchera le
Raad de la changer, comme il l'a fait déjà trois fois au
moins depuis 1882 ; et alors, l'Angleterre sera désarmée,
on lui produira cet engagement de ne plus jamais intervenir dans les affaires intérieures du Transvaal. Si l'on croit

e danger imaginaire, et cette crainte injuste pour le gou-
ernement Boer, qu'on lise les lois que le Raad a votées
ernièrement, telles que la loi municipale ou d'autres en-
ore. M. Chamberlain n'est pas homme à se laisser prendre
ans de pareils filets.

Le Transvaal, deux jours après avoir fait les proposi-
ons dont il vient d'être parlé, envoya une note addition-
elle déclarant que ces propositions formaient un tout, et
ue le refus d'accepter les conditions en impliquaient le re-
ait. On n'avait donc pas fait un pas depuis la conférence.
e passe sur une correspondance qui n'a pas beaucoup
vancé la question. Le 2 septembre, le président Krüger
oyant que l'Angleterre perdait patience et allait faire des
ropositions, se décida à accepter celles que M. Chamber-
lin avait faites au début, la commission mixte, avec une
anchise de sept ans. Mais il était trop tard. Le 9 septem-
re, M. Chamberlain envoya ses propositions qui sont celles
u président Krüger, moins les conditions qu'il y avait
joutées, franchise de cinq ans, dix représentants des Uit-
anders au Raad, droit des nouveaux citoyens de voter pour
e président et le commandant en chef. Il ajoute qu'il pense
ue les nouveaux députés au Raad auront le droit de parler
eur langue. Une fois ces propositions acceptées, une con-
érence pourra avoir lieu au Cap pour organiser l'arbitrage
t régler les autres points en litige.

On le voit, ces propositions sont dans leur ensemble
elles des Boers, elles en diffèrent en ce qu'elles refusent
e rouvrir la discussion sur la convention de 1884, à laquelle,
u reste, M. Chamberlain vient encore de déclarer qu'il
oulait s'en tenir.

Néanmoins le Transvaal a refusé ; dans une longue dé-
êche, M. Reitz regrette que l'Angleterre abandonne l'idée
e la commission mixte et de la franchise de sept ans, et,
omme il est visiblement embarrassé de ce que la proposi-
on de cinq ans est partie du Transvaal, il parle d'un mal-
ntendu avec l'agent anglais à Prétoria, pour ne pas dire
e mauvaise foi. Quant à l'admission de la langue anglaise

au Raad, elle ne saurait être acceptée. On a beaucoup blâmé cette demande de M. Chamberlain, on ne lui permet pas de citer l'exemple de la Suisse pour cette « nationalisation d'office d'une langue parlée par des étrangers. » Et pourtant ce n'est ni plus ni moins que ce que la colonie du Cap a fait pour les Hollandais. En 1882, le parlement du Cap, revenant sur l'ordonnance de 1828, a décidé que le hollandais serait considéré comme langue officielle, au même titre que l'anglais, au parlement et dans les tribunaux. On ne voit pas en quoi ce serait humiliant pour le Transvaal d'avoir le même bon procédé pour les Uitlanders, qui sont de beaucoup la majorité.

Le Transvaal a refusé les propositions de M. Chamberlain. On attend avec émotion le prochain conseil de cabinet où l'Angleterre dira son dernier mot. La guerre n'est pas déclarée. Il est temps encore, et nous estimons que le devoir des amis du Transvaal est de lui conseiller d'accepter ces propositions, et de ne pas se lancer dans une guerre qui sera sa fin. Ce n'est pas, certes, on a pu s'en convaincre, que nous considérions son gouvernement et son régime comme des institutions à défendre, ou dont la disparition serait digne de regrets. Encore une fois, nous refusons de mettre cette oligarchie, gorgée de l'or des Uitlanders, à côté de nos pères, de nos anciens magistrats, ou des héroïques bergers du Montenegro. Mais le Transvaal existe, il a de bons éléments et il peut se réformer. Dans notre opinion, il ne se réformera que par la liberté. Que le Transvaal ne donne pas aux grands le spectacle d'un petit pays où la liberté ne peut s'établir que sur les ruines de l'indépendance. Qu'il accepte ce qu'on lui propose, qu'il fasse des Uitlanders des citoyens intéressés au même titre que les Boers, au bien du pays et à sa prospérité. Et avec les ressources matérielles inouïes dont il dispose, il pourra devenir l'un des États les plus florissants de l'Ancien et du Nouveau-Monde.

Genève, le 28 septembre.

Depuis que nous écrivions les pages qui précèdent, les événements n'ont marché que trop vite. L'ultimatum envoyé le 9 octobre par le Transvaal était une déclaration de guerre, et le sang a déjà coulé à flots. Quelque grands que soient les succès des Boers au commencement de la camagne, et en dépit de la bravoure admirable avec laquelle ils combattent, leur sort est désormais fixé. Le Transvaal cessera d'être un état indépendant, et cela parce qu'il l'aura voulu. Aujourd'hui encore nous n'hésitons pas à dire que les vrais amis des Boers étaient ceux qui leur conseillaient d'accepter les dernières propositions de l'Angleterre, ce qu'ils pouvaient d'autant mieux faire que ces propositions étaient celles que Krüger avait présentées au Raad et qu'il a eu le tort de retirer.

Dans notre temps où les petits pays sont si peu nombreux, et où leur existence n'est pas facile, il est toujours grave d'en voir disparaître un de la carte du monde. Raison de plus pour les autres de ne pas se mettre dans la situation du Transvaal. Encore une fois, j'admire sa bravoure et l'héroïsme avec lequel il combat. Mais cette vie politique indépendante pour laquelle il verse son sang, en quoi consiste-t-elle, et qu'a-t-elle produit? Deux choses seulement : l'oppression des noirs et l'exploitation des étrangers. A quoi bon les petits peuples, si c'est là les principes qu'ils représentent et si c'est là leur utilité, se diront les grands pays qui gouvernent le monde. Et quel intérêt y a-t-il à conserver les petits, s'ils ne sont que des pierres dans le chemin de la civilisation.

Voilà pourquoi je refuse de comparer le Transvaal à notre pays. Sans nous vanter, nous pouvons dire que la Suisse est autre chose que le Transvaal; et si, ce qu'à Dieu ne plaise, nous venions à disparaître comme état indépendant, notre absence se ferait sentir dans le monde plus qu'on ne le pense.

En Afrique, en revanche, qu'allons-nous voir? Après que le gouvernement transvaalien aura été balayé par l'armée anglaise, le Transvaal deviendra probablement une colonie anglaise telle qu'on les constitue aujourd'hui. Dès que le calme sera rétabli, on lui donnera non plus son Raad, mais un gouvernement représentatif véritable avec une large mesure d'autonomie, et ayant à sa tête un gouverneur nommé par la Couronne. On instituera des tribunaux qui ne soient pas dans la main du pouvoir exécutif; police, écoles, administrations municipales, tout cela ne tardera pas à se créer, ainsi que ces institutions libérales qui font des colonies comme le Cap les pays les plus libres qu'il y ait au monde. Le fermier Boer continuera à cultiver paisiblement sa ferme, et rien ne sera changé à sa vie, sauf qu'il ne sera plus astreint au service militaire, et qu'il ne pourra plus maltraiter les noirs qui travaillent pour lui. Il n'est pas douteux que sous une bonne administration le Transvaal deviendra l'un des pays les plus prospères qu'embrasse l'empire colonial anglais. Ces perspectives brillantes, rien n'empêchait le président Krüger et son gouvernement de les réaliser lui-même. Et alors pendant de longues années encore le drapeau du Transvaal aurait flotté à Prétoria.

25 octobre.

Edouard NAVILLE.

Imprimerie Suisse, rue du Commerce, 6, Genève

www.ingramcontent.com/pod-product-compliance
Lightning Source LLC
LaVergne TN
LVHW010329030726
842520LV00004B/1361